AF257651

LE

SUFFRAGE UNIVERSEL

ET

LA RÉFORME ÉLECTORALE

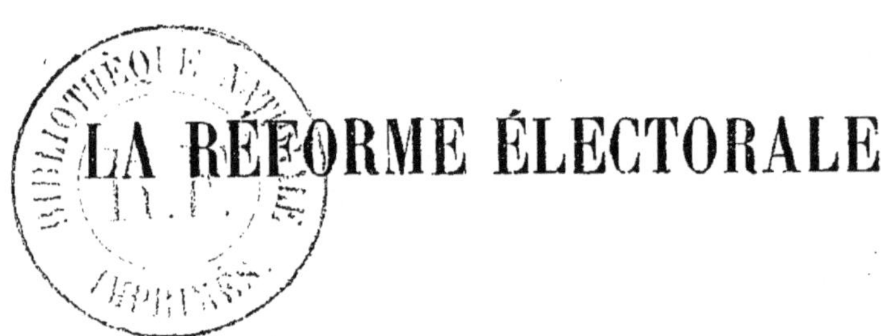

ANGERS

IMPRIMERIE P. LACHÈSE, BELLEUVRE ET DOLBEAU
13, Chaussée Saint-Pierre, 13.

—

1872

LE
SUFFRAGE UNIVERSEL

ET

LA RÉFORME ÉLECTORALE

I

L'Assemblée a nommé une Commission qui est chargée de préparer une nouvelle loi électorale. Divers projets, émanés de l'initiative parlementaire, ont été renvoyés à cette Commission; et les journaux ont parlé à plusieurs reprises des résolutions auxquelles elle semble s'être déjà arrêtée.

Il n'est pas vraisemblable que ce projet vienne très-prochainement à l'ordre du jour. Une réforme électorale est toujours la dernière loi que vote une Assemblée : en la votant, elle se condamne en effet à se dissoudre le lendemain pour aller se retremper dans une élection nouvelle ; une telle loi est par la force des choses son testament. Or, l'Assemblée actuelle ne peut pas se dissoudre avant d'avoir achevé nos grandes lois organiques, voté les impôts nouveaux, reconstitué l'armée, libéré le territoire. C'est là la tâche qui lui a été donnée ; elle n'a le droit de se séparer qu'après l'avoir menée à terme.

Mais la réforme électorale n'en est pas moins officiellement mise à l'étude. En même temps qu'elle s'élabore au sein de l'Assemblée, l'opinion publique en est saisie par de nombreuses publications : chacun a donc le droit et le devoir d'en dire son avis. Il n'y a pas d'ailleurs de question plus grave, ni sur laquelle il importe davantage d'éclairer et de préparer les esprits.

C'est déjà une chose dont il faut se féliciter, qu'il nous soit permis d'en parler librement. Car jusqu'ici il semblait que ce fût là une question réservée et interdite. On eût dit que le suffrage universel était en dehors et au-dessus de toute discussion : ce n'était pas une institution, c'était un dogme ; on ne l'examinait pas, on l'adorait. Et malheur au téméraire qui eût osé porter la main sur l'arche sainte !

Grâce à Dieu, nous sommes guéris de ce fétichisme : c'est un progrès. Tout le monde, ou à peu près, est d'accord sur ce point, — qu'il y a quelque chose à faire ; que le suffrage universel, tel qu'il est organisé, est un danger, un danger politique et social ; et qu'il est urgent d'aviser.

Chose remarquable ! Ceux-là mêmes qui l'ont inventé commencent à en avoir peur ; — et je ne serais pas surpris que M. Jules Favre, à ses heures de sincérité, ajoutât ce gros péché à la liste de tous les péchés politiques dont il demande pardon à Dieu et aux hommes.

Le suffrage universel a tour à tour trompé tout le monde.

Il a trompé d'abord, et cruellement, les républicains. Il s'est retourné contre eux ; il a frappé ceux qui l'avaient engendré et mis au monde. Imaginé pour faire la République, il a fait l'Empire. Les républicains de 1848 ressemblent un peu au sorcier de la légende qui avait évoqué le diable, et qui ne savait plus comment s'en faire obéir ou s'en débarrasser.

Mais les conservateurs n'ont pas lieu d'avoir beaucoup plus de confiance en lui. Si, dans les jours de crise, au lendemain des révolutions, quand l'imminence du péril faisant taire momentanément l'esprit de parti, donne un peu de sagesse même aux fous et un peu de courage même aux lâches, si dans ces circonstances-là le suffrage universel montre parfois quelque intelligence et quelque prudence, il ne faut pas trop s'y fier. Il est sujet, dans les emportements de sa réaction, à s'aller jeter sous les pieds d'un dictateur ; et sur le choix du dictateur il n'est pas difficile. Le plébiscite est une jonglerie à l'usage de quiconque sait mettre la main sur le pouvoir : il ratifiera toujours tous les coups d'État réussis, et celui qui est le maître obtiendra toujours de lui, s'il sait l'interroger, la réponse qu'il voudra en obtenir.

En temps calme, le suffrage universel ne vaut guère mieux. Tantôt, inerte et passif, enrégimenté et dirigé administrativement, il est aux mains du gouvernement un instrument de despotisme qui écrase toutes les libertés et légitime toutes les fantaisies ; — tantôt, travaillé par les idées révolutionnaires, organisé par les sociétés secrètes, il devient entre les mains des partis extrêmes une machine de guerre formidable, un engin de subversion sociale.

Voilà ce que l'expérience nous a appris depuis quelque vingt ans. Il en résulte que personne, — sauf les hommes de désordre et les révolutionnaires à outrance, — n'a plus confiance dans le suffrage universel. Pour quiconque a un grain de sens politique, il est démontré que ce n'est pas là un instrument de gouvernement ; qu'on est en présence d'une force mystérieuse et mobile dont les écarts échappent à toutes les prévisions et déjouent tous les calculs, de quelque chose comme un élément, comme un Océan toujours gros de tempêtes, dont nul ne peut maîtriser les soulèvements et dont les caprices emportent toutes les digues.

On a dit spirituellement qu'en 1848 « on nous avait fait faire un saut dans les ténèbres, » Le mot qui était juste alors, ne l'est plus aujourd'hui ; nous y voyons maintenant très-clair. Ces ténèbres, où on nous avait jetés avec une étourderie si criminelle, où nous avons erré si longtemps, déçus

et abusés quelquefois par le charlatanisme du plébiscite et de la candidature officielle ; ces ténèbres
se sont tout à coup éclairées de lueurs sanglantes,
et nous ont laissé voir la profondeur de l'abîme où
nous courions. Les plus aveugles ont ouvert les
yeux.

Il ne s'agit plus de disserter sur des systèmes,
il s'agit de pourvoir à un péril imminent. Ce n'est
plus ici une question de théorie politique, c'est une
question de vie ou de mort pour la société.

Tous les hommes éclairés et honnêtes, — monar-
chistes ou républicains, — l'ont compris. Il faut
modifier notre système électoral ; il faut réformer
le suffrage universel, sinon dans son principe, au
moins dans ses conditions, dans son application.

Mais comment ? d'après quelles vues, sur quelles
bases ? — Ici on n'est plus d'accord, on hésite,
et les plus résolus sont pris de timidité ou de
scrupules.

Il n'y aurait pas grande difficulté à s'entendre
sur certaines conditions d'âge et de domicile. Mais
ces mesures, excellentes en elles-mêmes, sont
insuffisantes. Le mal est effrayant, il y faut un
remède énergique. Les demi-mesures, les demi-
moyens n'y feront rien.

Quand un homme est rongé par un cancer, les
lénitifs et les cataplasmes sont impuissants : il faut
trancher dans le vif.

Nous en sommes là. Tant qu'on n'aura pas guéri
cette plaie, on n'aura rien fait. On aura beau voter
des lois organiques, elles seront frappées d'impuis-

sance et de stérilité. On aura beau faire une constitution, organiser la monarchie ou la république, ni république ni monarchie ne pourra vivre; le suffrage universel dévorera tout.

Ce qu'il faut, ce n'est pas une simple réglementation, atténuant plus ou moins les vices de l'institution, c'est une réforme profonde, atteignant le mal dans sa racine.

Prenez garde! va-t-on me dire, si vous touchez au suffrage universel, c'est une crise violente que vous provoquez.

Je n'ai qu'une chose à répondre : Prenez garde vous-mêmes! Si vous n'y touchez pas, c'est la décomposition sociale vers laquelle vous marchez.

Il s'agit de choisir.

Je voudrais montrer en peu de mots qu'il n'y a pas d'autre alternative.

II

Un publiciste éminent, qui est en même temps un républicain très convaincu, M. Dupont-White, vient de publier dans la *Revue britannique* et dans le *Correspondant* [1] des articles où il étudie, au point de vue théorique, le suffrage universel. Je ne crois pas que personne en ait jamais fait une cri-

Voyez surtout le *Correspondant* du 10 mars 1872.

tique plus sévère, et ait démontré avec plus de force l'absurdité du principe sur lequel il repose. Je renvoie le lecteur à ce remarquable travail. Il est curieux de voir un républicain, un homme de 1848, — mais sagace et sincère, — faire avec cette vigueur le procès à la grande institution, à la seule création des hommes politiques de 1848.

Je ne veux point refaire ce qu'a si bien fait M. Dupont-White. Sans entrer dans des considérations philosophiques qui ne seraient point ici à leur place, je voudrais seulement, après lui, faire toucher du doigt le caractère distinctif, essentiel, du suffrage universel, et montrer quelques-unes de ses conséquences.

Au fond, que fait le suffrage universel ? — Il appelle tout le monde à participer au gouvernement : car voter, c'est choisir ceux qui gouvernent ou font les lois ; le vote n'est que le gouvernement indirect, par délégués ou par mandataires.

Or, mettre le gouvernement aux mains de tout le monde, c'est en fait le soumettre à la loi du nombre, du chiffre ; en d'autres termes, c'est le livrer à la force, au poids brutal des masses, des intérêts et des appétits.

On peut dire que c'est là une conception étrange, inouïe.

Donner, dans la cité, le même droit, la même fonction à l'incapable et au capable, à l'ignorant et au savant, à l'homme immoral et à l'honnête homme ; — c'est déjà assurément, en thèse générale, quelque chose d'énorme. Mais quand il s'agit de ce qu'il y a au monde de plus difficile et de plus délicat, quand il s'agit du gouvernement de la société et de la direction des affaires publiques, substituer le nombre à l'intelligence, comme règle et comme loi, — cela n'était jamais, jusqu'à nos jours, entré dans la tête des hommes politiques.

Dans tous les temps, chez tous les peuples, même chez les barbares, on avait toujours cru que le gouvernement des hommes était essentiellement œuvre de sagesse, d'expérience, de justice, et qu'à ce titre il appartenait aux meilleurs et aux plus capables.

Sans doute, dans une assemblée délibérante il faut bien que la majorité fasse loi. Pourquoi? parce que ceux qui votent dans une assemblée sont toujours censés compétents, éclairés, aptes enfin à décider ce qui est en question; et alors la présomption est que la vérité se trouve du côté où se porte la majorité des opinions.

Mais prendre la foule ignorante, le nombre brut pour seul principe de gouvernement; le mettre au-dessus de tout, non parce qu'il est présumé représenter plus d'intelligence, mais parce qu'il est le nombre; — c'est là, je le répète, une conception inconnue dans le monde jusqu'à ce jour. C'est le matérialisme pur introduit dans la direction de la société. C'est la négation du droit; car c'est la volonté des masses érigée en loi suprême. C'est la négation de la justice, car c'est l'intérêt des masses écrasant de son poids le droit individuel.

Là est en effet le vice profond de la démocratie. Elle a sans cesse à la bouche les droits de l'homme;

et au fond sa prétention insolente , son sophisme orgueilleux et insoutenable , c'est de mettre la volonté du plus grand nombre à la place de la justice ; c'est d'immoler le droit individuel à l'intérêt général. Or, c'est là la formule même de la tyrannie. La volonté du nombre ne peut pas faire que ce qui est injuste soit juste. Que l'intérêt particulier doive céder devant l'intérêt général , cela ne fait pas de doute ; mais la société ne peut jamais sacrifier, même à l'*intérêt* de tous, le *droit* d'un seul : la justice prime tout.

Le nombre est de sa nature égoïste, immodéré, violent. Comme il est la négation du droit, il est la négation de la liberté. Il commence par l'injustice et finit par la dictature. .

. Je consens qu'on dise : « Tout pour le peuple ! » Ce qui est absurde, c'est d'ajouter : « *Et tout par le peuple.* » Mais si tout le monde a le droit naturel de gouverner, est apte à gouverner , — pourquoi donc faites-vous des exceptions ? Pourquoi excluez-vous les femmes, les mineurs , les condamnés, les faillis ? Il y a donc certaines conditions de capacité, de moralité , qui sont exigées pour prendre part au gouvernement du pays ? Il ne suffit donc pas de participer à la vie sociale, pour prendre part à la vie politique ?

Vous n'êtes pas conséquents avec votre principe ; vous reconnaissez , en dépit de vos théories , qu'il faut ici une capacité spéciale ; que l'électorat n'appartient pas à quiconque jouit des droits *civils ;* que c'est un droit *civique* , c'est-à-dire une fonction , comme celle de juré, et dont doivent être exclus les incapables et les indignes.

Sait-on d'où est née cette étrange conception du suffrage universel, tel qu'il fonctionne en France ? C'est la mise en œuvre d'une idée fausse, qui est particulière à notre pays ; — je veux dire la souveraineté du peuple, entendue comme l'entendent les révolutionnaires.

J'admets parfaitement comme vrai, comme indiscutable, le principe de la souveraineté nationale, — en ce sens qu'un peuple est seul maître de ses destinées, qu'on ne peut lui imposer un gouvernement qu'il ne veut pas, et que sa volonté librement et légalement exprimée est la seule base légitime des institutions politiques. Seulement, cette volonté, cette souveraineté nationale, elle ne s'exprime d'une façon vraiment sérieuse et sincère que par les Assemblées représentatives, émanant d'un corps électoral composé de la partie intelligente, éclairée, honnête de la nation.

La souveraineté du peuple, au contraire, telle que les radicaux l'entendent, c'est tout simplement la volonté de la foule, le caprice ou la passion des masses populaires ; c'est en un mot la souveraineté du nombre ; et cette souveraineté, elle a pour organe naturel le suffrage universel.

Ignorante, crédule, passionnée, obéissant à toutes les excitations des partis, cette souveraineté du peuple n'est pas un moyen de gouvernement, ce n'est qu'un instrument révolutionnaire, une machine de guerre, un engin de destruction et de démolition.

Souveraineté de la nation, — souveraineté de l'électeur, — cela veut dire, pour les radicaux, que tous les jours l'électeur a le droit de remettre en question la forme et le principe du gouvernement. Faire les affaires du pays, il s'agit bien de cela ! il s'agit de faire et de défaire les constitutions, de renverser ce qui est, de mettre en bas ce qui est en haut et en haut ce qui est en bas.

Voilà comment nous comprenons, en France, la souveraineté du peuple. Il est vrai de dire que nulle part ailleurs elle n'est comprise ainsi.

Nous avons même trouvé que ce n'était pas assez. Cette souveraineté par le vote, nous avons voulu la compléter : nous avons doublé le suffrage universel de la garde nationale. Chaque électeur a eu un bulletin d'une main, et un fusil de l'autre. Pour le coup c'était l'idéal. Si le bulletin ne suffit pas à réaliser les volontés de la foule, elle aura le fusil. Quoi de plus simple, en effet ? Toute souveraineté a droit de se faire respecter, — et surtout obéir.

Suffrage universel et garde nationale universelle, — ce sont là deux institutions corrélatives, sorties de la même conception, qui se complètent et qui se valent.

Armer tout le monde, même ceux qui n'ont ni moralité ni probité, même ceux qui aiment le désordre et rêvent le pillage, — c'est organiser l'émeute.

Donner le droit de vote à tout le monde, même aux imbéciles et aux fous, aux ignorants et aux coquins, même à ceux qui n'ont intérêt qu'au désordre et n'aspirent qu'à la subversion, — c'est organiser la révolution.

L'un me paraît aussi insensé que l'autre. Les coups de fusil vous effraient davantage ; mais, croyez-moi, les coups de bulletin mènent absolument au même résultat.

Ce résultat, c'est tout bonnement la guerre civile, la guerre des classes, organisée et légalisée.

« En France, dit très-justement M. Dupont-White, les individus se haïssent comme partout, mais les classes se détestent comme nulle part. » C'est un legs de l'ancien régime. Nos révolutions incessantes n'ont fait, depuis quatre-vingts ans, qu'accroître et irriter ces haines.

Eh bien, quand vous donnez la souveraineté à la foule, c'est-à-dire aux classes les plus nombreuses et les moins favorisées de la fortune , — que voulez-vous qu'elles en fassent ? Il est clair qu'elles s'en serviront pour satisfaire leurs haines d'abord, et ensuite pour conquérir les jouissances qu'elles n'ont pas.

Quand vous donnez le vote, c'est-à-dire le pouvoir, à ceux qui n'ont rien et qui convoitent tout, comment voulez-vous qu'ils n'en usent pas pour chercher à obtenir tout ce qui leur manque ?

Et si vous ajoutez que ces hommes, ignorants et besogneux, tourmentés de passions violentes, n'ayant rien à perdre aux commotions politiques , n'étant retenus ni par l'intérêt, ni par des habitudes d'ordre, ni par le respect de la loi, ni par le frein religieux, sont au contraire exaltés par de folles utopies et des déclamations perfides ; — si vous songez que vous avez affaire au peuple le plus mobile , le plus impressionnable , le plus dénué de traditions et de mœurs politiques ; enfin que le retour périodique des révolutions a détruit chez nous jusqu'à la notion du droit et surexcité toutes les ambitions et toutes les convoitises ; — vous conviendrez qu'un pareil système n'est autre que la révolution elle-même en permanence.

Le bulletin de vote, aux mains de tels électeurs, n'est plus qu'une arme de combat. Ils la tourneront d'abord contre ceux qui ont le pouvoir , et ensuite contre ceux qui possèdent. Cela est inévitable, fatal : la dictature sera le moyen, le socialisme est le but.

III

On a essayé longtemps de nous consoler et de nous rassurer avec un raisonnement assez spécieux, et qui a séduit plus d'un bon esprit. — « Au moins, disait-on, le suffrage universel a un avantage, c'est qu'il n'y a rien au delà. Il est la limite extrême des revendications populaires, le *maximum* des prétentions de la démocratie. Après lui, il n'y a plus rien à réclamer. Et comme il est aussi la plus haute expression de la volonté nationale, quand il aura parlé, toutes les volontés individuelles s'inclineront devant lui : il n'y aura plus de prétexte ni aux protestations, ni surtout aux appels à la force; les émeutes, les insurrections feront place pour jamais aux luttes pacifiques du scrutin. »

Nous savons aujourd'hui à quoi nous en tenir sur ces belles théories, et le fond qu'il y faut faire. Nous savons comment la démocratie a respecté les décisions du suffrage universel; — je ne dis pas sous l'empire, où la candidature officielle et la pression administrative donnaient au moins quelque motif de contester leur sincérité, mais depuis que nous sommes en république, et que la liberté du scrutin est entière. Il suffit de lire les journaux radicaux pour être édifié à ce sujet. On sait à quelles railleries, à quelles injures l'Assemblée a été en butte depuis le premier jour de sa réunion à Bordeaux. C'est par les inventeurs et les prôneurs à outrance du suffrage universel, que la Chambre émanée du suffrage universel est journellement outragée, bafouée, sommée de se séparer. Et quant aux insurrections, aux appels à la force, à la guerre civile, la Commune de Paris s'est chargée d'apprendre au monde comment le suffrage universel y avait mis fin.

Ceux qui ont cru à l'influence pacificatrice de cette institution ont été bien naïfs. Ils ne connaissent pas la race des révolutionnaires à qui nous la devons.

Les révolutionnaires ne veulent qu'une chose, n'ambitionnent qu'une chose, sous les noms divers dont ils l'affublent, — république, liberté, suffrage universel; — cette chose, c'est le pouvoir.

Tant qu'ils ne l'ont pas, tout est à reprendre, tout est à refaire. Si le suffrage universel les condamne, c'est qu'on l'a faussé. Le suffrage universel n'est vrai, n'est sincère, ne doit être respecté que lorsqu'il proclame la république, — je me trompe, *leur* république; car il n'y en a qu'une de bonne, c'est celle où ils ont le pouvoir. Et celle-là, elle est *au-dessus* du suffrage universel.

Alors, qu'avons-nous gagné à courir cette formidable aventure? Que nous a servi de donner si témérairement le droit électoral, le droit de souveraineté à tout le monde, — si les décisions du suffrage universel sont aussi contestées que celles du suffrage restreint; si les appels aux armes et les horreurs de la guerre civile sont tout autant à redouter sous le nouveau régime que sous l'ancien?

Mais il fallait s'y attendre. Quand on remue un peuple jusque dans les bas-fonds, comment s'étonner que la lie monte à la surface? Quand vous avez surexcité l'orgueil et les convoitises de la plèbe, quand vous l'avez enivrée de l'idée de sa souveraineté, allez donc lui persuader qu'elle doit s'incliner devant le vote d'une majorité qui est contraire à son caprice! Cela est trop fort pour elle. Le peuple n'est-il pas souverain, et n'est-ce pas elle qui est le peuple?...

Il y a une autre illusion, dont quelques optimistes se paient encore. « On instruira le peuple! Multipliez les écoles, répandez l'instruction, rendez-la obligatoire, et vous aurez conjuré les principaux dangers du suffrage universel. Si chaque électeur pouvait écrire son bulletin de vote, la société n'aurait plus à craindre les mêmes mouvements aveugles de la multitude ignorante. »

Il faut une forte dose de candeur et une profonde inexpérience des hommes, pour se persuader qu'il y a là un remède sérieux, efficace, aux dangers que j'ai signalés. La belle garantie, quand vos électeurs écriront leur bulletin ! Cela leur donnera-t-il l'esprit politique, le discernement, la modération qui leur manque? Croit-on que cela suffise à calmer les haines, à dissiper les illusions, à faire taire l'envie, cette passion essentiellement démocratique? L'instruction n'est qu'un instrument aux mains de l'homme ; instrument de bien ou de mal, selon ses dispositions morales. Un vernis d'instruction, savoir lire, écrire et calculer, cela fera-t-il d'un révolutionnaire un bon citoyen ? Est-ce toujours le plus lettré qui est le meilleur ? N'est-ce pas souvent le demi-lettré qui est le pire de tous ? Et tel brave paysan, honnête père de famille, laborieux, économe et plein de bon sens, ne vaut-il pas mieux, quoiqu'il ne sache pas lire, que tel ouvrier paresseux, débauché, dont l'esprit est infecté par les mauvais journaux ?

Oh! je comprends qu'en un pays comme l'Amérique où, depuis plusieurs siècles, les mœurs politiques se sont formées et développées, où les habitudes du *self government* sont générales et anciennes, où la vie communale est active, où non-seulement l'instruction, mais l'éducation publique est très-répandue, où le respect de la loi et des institutions est profond, et le frein religieux très-puissant ; — je comprends qu'en un tel pays, le suffrage presque universel (car il n'est pas sans restriction comme chez nous) puisse exposer la société à moins de dangers. Mais nous n'en sommes pas là, et ce n'est pas en dix ans, ni en vingt; ce n'est pas avec quelques écoles primaires et un enseignement hâtif et superficiel, qu'on transforme l'esprit public et que l'on refait les mœurs politiques d'un peuple.

Nous avons commencé par où il fallait finir : Nous avons décrété d'abord le droit universel de suffrage, sauf à songer ensuite à faire l'éducation des électeurs. Comme tous ceux qui se sont aventurés à la légère, il nous faut le courage de reconnaître notre faute et de revenir en arrière.

IV

Pour remédier aux abus qui se sont produits, pour obvier aux dangers qui s'annoncent, — quelles réformes propose-t-on?

Quelques-uns demandent que le suffrage universel soit organisé à deux degrés. Ils se persuadent que cette combinaison corrigera la plupart de ses défauts.

Je crois qu'ils s'abusent. Je crois que cette réforme serait aussi difficile à accomplir, qu'elle soulèverait la même résistance qu'une réforme plus radicale, et qu'elle n'en aurait pas les avantages.

Les garanties que semble offrir ce mode de suffrage sont purement illusoires. On se figure que l'élection du premier degré, se portant dans chaque commune sur les notabilités locales et obéissant aux influences naturelles et légitimes, composerait des colléges du second degré plus éclairés, plus capables de choix intelligents et vraiment politiques. On se trompe. C'est là de la théorie, comme en font les philosophes au fond de leur cabinet. Quand on descend sur le terrain de la réalité, quand on a un peu l'expérience des hommes et des choses électorales, tout ce mirage se dissipe bien vite. Voici une commune rurale : il y a là un grand propriétaire, riche, généreux, éclairé ; il a employé sa fortune, son activité, à faire du bien autour de lui ; il a contribué dans le pays aux progrès de l'agriculture, au développement du bien-être ; il a fait bâtir une école ; il a aidé à reconstruire l'église ou le presbytère. Croyez-vous, les élections venues, que c'est lui qui sera nommé ? Pas du tout. L'ingratitude et l'envie sont les deux qualités éminentes de la démocratie. On élira quelque démagogue de bas étage, quelque agent-voyer jacobin, ou quelque instituteur destitué. Et il en sera de même à peu près partout. Les électeurs au second degré, ce ne seront pas les hommes honnêtes et capables ; ce seront la plupart du temps les intrigants, les meneurs, les politiques de clocher, les orateurs de club ou de cabaret. Vous verrez partout sortir de l'urne, non point les notabilités locales, mais les ambitions subalternes et les médiocrités turbulentes.

Il y a encore une considération. Le mal qui nous énerve aujourd'hui, — je veux dire l'abstention, l'inertie des hommes d'ordre, — ne fera que s'accroître dans ce système : car l'élection à deux degrés a cet inconvénient particulier, en enlevant à l'électeur l'action directe sur le scrutin, de faire qu'il s'intéresse moins à un résultat plus lointain et sur lequel il n'a plus qu'une action indirecte et détournée. L'activité des hommes d'ordre sera diminuée, celle des révolutionnaires ne le sera pas. Et vous verrez bientôt le mandat impératif appliqué aux choix du second degré, mettre à néant tous les avantages qu'on aurait espérés de ce système électif. Le résultat final serait probablement plus mauvais encore que dans le système actuel où la masse électorale, au lieu d'être abandonnée aux intrigues locales, est dirigée par de grands courants qui viennent d'en haut.

Les mêmes objections s'élèvent contre tout projet de réforme qui vise seulement à une *organisation* du suffrage universel, en le laissant subsister sur les bases actuelles. On ne peut arriver à rien de sérieux par là. Vous aurez beau organiser et réorganiser : si les éléments sont mauvais, vous n'en tirerez rien de bon. C'est la vieille politique qui prétend faire de l'ordre avec du désordre ; on sait où cela mène.

Ce n'est pas le mode du suffrage, ce sont les conditions du suffrage, qu'il faut réviser et régler à nouveau. C'est là qu'est la racine du mal, c'est là qu'il faut appliquer le remède.

La Commission parlementaire chargée d'étudier la question, l'a compris. Elle propose, dit-on, de soumettre l'exercice du droit électoral à deux conditions : 1º vingt-cinq ans d'âge ; 2º un an (ou deux ans ?) de domicile.

Ces deux mesures sont excellentes, et en toute hypothèse doivent être accueillies. On peut dire que c'est, en fait de réforme électorale, un *minimum* qui ne peut guère être discuté.

Mais d'abord, en ce qui touche l'âge, je ferai remarquer que la mesure s'applique aussi bien aux bons éléments qu'aux mauvais ; qu'elle écarte et ajourne en même temps les jeunes gens qui, par leur éducation, leurs habitudes, leur situation sociale, offrent à l'ordre des garanties, et ceux qui sous tous ces rapports n'en offrent aucune. J'accorderai, si l'on veut, que le nombre de ces derniers sera plus considérable : il n'en est pas moins vrai que la mesure ; par cela même qu'elle est générale et ne distingue pas, est insuffisante et n'atteint pas directement le but.

La condition de domicile est beaucoup plus efficace. Elle emporte une garantie très-sérieuse ; et tous ceux qu'elle exclut méritent d'être exclus. Les constitutions les plus démocratiques exigent toutes un domicile d'un an au moins — et cependant, tout en applaudissant à cette réforme, je suis obligé de dire que je la crois encore insuffisante. En exigeant un an, deux ans même de domicile, vous écartez du scrutin, j'en conviens, tous ces ouvriers nomades qui promènent de ville en ville leur esprit de désordre et leurs habitudes de débauches, et qui en tout pays sont de détestables électeurs. Mais il reste, en dehors de cette masse flottante, une masse beaucoup plus considérable d'hommes incultes, plus ou moins misérables, très-accessibles à toutes les excitations, et qui, pour être attachés à une industrie ou à une profession sédentaire, n'en offrent pas pour cela à la société plus de garanties de moralité et de capacité politique. C'est même surtout parmi ces masses profondes, ignorantes et passionnées, que les doctrines socialistes font le plus de ravages, et que les sociétés secrètes recrutent l'armée révolutionnaire. Contre ce péril, que fera votre loi du domicile ?

Je n'hésite pas à le dire, il faut quelque chose de plus ; il faut un remède plus énergique.

Où est le remède ? Il est pour moi dans le principe anglais et américain, en matière de suffrage.

Les Anglais et les Américains ne se sont jamais laissé guider, en matière de gouvernement, par de belles théories philosophiques comme nous les aimons. Ils n'ont jamais proclamé ces prétendus principes qui nous sont chers, de l'égale capacité politique de tous les hommes, de leur droit égal à se mêler du gouvernement, — et autres billevesées révolutionnaires. Ce n'est pas eux qui auraient jamais imaginé que le droit de voter est un droit naturel et primordial, comme le droit de posséder, d'aller et de venir. Ce sont gens pratiques qui consultent avant tout le bon sens et l'expérience.

Or, en matière électorale, leur principe est que « celui-là seul a le droit de voter l'impôt, qui paie l'impôt. »

Selon eux, on n'est *citoyen* au sens politique du mot, c'est-à-dire membre actif de la communauté, que si on participe aux charges de la communauté, c'est-à-dire si on paie l'impôt : et par impôt, ils entendent l'impôt direct, personnel, ou son équivalent en prestations de travail.

Voici, par exemple, ce que porte la Constitution de l'État de New-York, article II, 1 :

« Aura le droit de voter dans la ville ou dans le quartier où il fait sa résidence, et non ailleurs, pour la nomination de tous fonctionnaires qui maintenant ou à l'avenir seront élus par le peuple, tout citoyen âgé de vingt et un ans, qui aura résidé dans cet état un an avant l'élection à laquelle il veut concourir; qui aura en outre résidé pendant les six derniers mois dans la ville ou dans le comté où il peut donner son vote; *et qui, dans l'année précédant les élections, aura payé à l'État ou au Comté une taxe foncière ou personnelle,* ou qui, *étant armé et équipé,* aura, durant l'année, rempli *un service militaire* dans la milice. Ces dernières conditions ne sont pas exigées de ceux que la loi exempte de toute imposition, ou qui ne font pas partie de la milice parce qu'ils servent comme pompiers.

« Auront également le droit de voter, les citoyens de l'âge de vingt et un ans qui résideront dans l'Etat pendant les trois ans qui précéderont une élection, et pendant la dernière année dans la ville ou dans le comté où ils peuvent donner leur vote, *et qui en outre auront,* pendant le cours de la même année, *contribué de leur personne à la réparation des*

routes ou auront payé l'équivalent de leur travail sui-
vant ce qui est réglé par la loi. »

La règle générale, c'est qu'il faut payer la taxe
foncière ou personnelle. Seulement, et cela est
juste, on assimile à celui qui paie la taxe celui qui
a fait un service militaire à ses frais, — et celui
qui a contribué à l'entretien des routes soit par ar-
gent, soit par travail. Mais la condition *sine quâ non*,
c'est qu'il faut contribuer aux charges de l'Etat [1].

Il n'y a là, je l'avoue, rien qui ressemble à la
déclaration philosophique des droits de l'homme ;
mais il y a un grand bon sens, un esprit profondé-
ment politique et pratique. Les deux idées qui ont
inspiré cette législation sont celles-ci : la première,
c'est qu'il n'est pas juste que ceux qui n'ont rien
disposent de la fortune des autres ; la seconde, c'est
que ceux qui ne participent pas aux charges communes et n'ont pas un intérêt direct au bon ordre,
n'offrent par là-même aucune garantie à la société,
et n'ont nul titre à se mêler à la gestion des affaires
publiques.

[1] Je sais bien qu'il y a des Etats de l'Union où le droit de
vote n'est pas soumis à cette limitation, — où les seules conditions imposées sont l'âge et le domicile.

Mais il y en a aussi d'autres où l'électorat est soumis à des
conditions plus sévères ; en Virginie, par exemple, pour être
électeur, il faut être propriétaire.

La question est de savoir lequel de ces exemples nous devons imiter, quand notre pays est aussi neuf en matière de
self government; quand nous n'avons ni l'expérience, ni les
fortes mœurs politiques des Américains.

V

A mon avis, c'est le principe écrit dans la Constitution de New-York que nous devons adopter comme base de notre régime électoral.

J'entends l'objection : « C'est le cens que vous rétablissez ! »

En admettant que ce fût le cens, j'estime qu'une constitution dont s'arrangent les républicains de New-York, devrait paraître assez démocratique et assez libérale à nos républicains de France.

Mais je réponds nettement : Non, ce n'est pas là le cens. Le principe du cens, c'est que la richesse est le signe de la capacité intellectuelle. Le principe américain, c'est que celui-là seul qui participe aux charges publiques a droit de disposer des deniers publics ; c'est qu'il n'est ni raisonnable ni juste que celui qui n'a rien et ne paie rien, soit appelé à imposer ceux qui possèdent et qui paient; enfin, c'est que ceux-là seulement ont titre à prendre part au gouvernement du pays, qui ont intérêt au bon gouvernement du pays, et offrent des garanties à l'ordre et au respect de la loi.

Ce n'est pas ici une question de culture intellectuelle, ni même d'aptitude politique; — c'est tout simplement une question d'équité, de bon sens et de sécurité sociale.

— Mais, dit-on, tout le monde paie l'impôt indirect. Cela doit suffire pour conférer à tous le même droit.

Non, l'impôt indirect n'a aucun des caractères qui font de la contribution directe une garantie sociale et le principe d'un droit d'intervention dans les affaires publiques : il ne peut lui être assimilé, ni quant à sa nature, ni quant à ses effets, et si je puis dire, à sa vertu morale et politique. Essentiellement mobile et diffus, invisible et insaisissable dans son action, à bien dire il est payé, non par l'homme, mais par la chose; l'homme ne le paie que par voie détournée, par ricochet, sans le vouloir et souvent sans le savoir. Aussi n'implique-t-il aucune des conditions, aucune des circonstances morales et sociales que suppose l'impôt direct.

Quand je paie la contribution foncière ou personnelle, qu'est-ce que cela veut dire ? Cela veut dire que j'ai une attache au sol, à la cité; que j'ai un domicile fixe, une profession régulière, des ressources normales. — Mais que je paie l'impôt indirect en consommant, dans une proportion plus ou moins grande, les denrées que frappe cet impôt, le vin, le sel, le tabac, le sucre ou le café; qu'est-ce que cela prouve pour mes habitudes de vie, pour ma condition sociale, pour les garanties que je puis donner à l'ordre public? L'ouvrier débauché qui passe la moitié de sa vie au cabaret, paie peut-être sous forme d'impôt indirect, plus de contributions à l'Etat que l'ouvrier laborieux et rangé qui paie sa cote personnelle et sa patente. Qui osera dire qu'il offre autant de garanties?

A un autre point de vue encore, l'impôt indirect ne saurait être mis sur la même ligne que la contribution directe. Sans doute en le payant je supporte, par le fait, une part des charges de la communauté; mais comme je le paie sans m'en apercevoir, l'effet moral n'est plus le même; je ne suis pas associé aussi intimement à l'intérêt général; je n'y suis pas plus associé que les femmes, les enfants, les incapables de toute sorte, qui paient cependant cet impôt en consommant les denrées qu'il frappe. — Au contraire, celui qui paie une contribution personnelle ou foncière est forcément amené à s'intéresser à la chose publique : l'impôt en l'atteignant sous forme directe, l'avertit de ce qui se passe au-dessus de lui et le rattache étroitement à l'administration de la cité et aux affaires de l'Etat.

— « Mais, objecte-t-on encore, tout le monde devra désormais le service militaire. N'est-ce pas là un impôt personnel et direct? »

C'est un service, ce n'est pas un impôt; et au point de vue politique, il est encore impossible de confondre ces deux choses l'une avec l'autre, de prétendre tirer de l'une et de l'autre les mêmes conséquences. Je comprends très-bien que celui qui paie l'impôt soit appelé à voter l'impôt; son intérêt fait son titre, et il est naturel qu'associé aux charges de la communauté, il ait droit de prendre part aux affaires de la communauté : il y a là un lien logique, une corrélation évidente. Je ne comprends pas bien comment l'obligation du service militaire peut engendrer le droit de participer à l'administration des affaires du pays et à la gestion de ses finances ; je ne vois plus là ni corrélation, ni rapport. Le fait de contribuer aux charges de l'Etat emporte pour le citoyen une garantie d'ordre, de stabilité, de consistance politique, d'où naissent naturellement des droits politiques : l'obligation imposée à tout homme valide de défendre le pays en cas de guerre n'implique directement ni le même attachement à l'ordre, ni les mêmes garanties morales. — Si dans l'état de New-York, le service militaire est assimilé à la contribution personnelle, c'est lorsqu'il est *volontaire* et lorsque le citoyen qui le fournit s'est *équipé à ses frais*. Il y a là, alors, non plus seulement un service personnel, mais une véritable contribution sous forme de prestation en nature.

La mesure que je propose n'est point au surplus une nouveauté, même dans notre législation, même dans nos constitutions républicaines. La constitution de 1791 exigeait, pour être citoyen actif et faire partie des assemblée primaires, outre le domicile, le paiement d'une « contribution *directe* au moins égale à la valeur de trois journées de travail. » La constitution de l'an III exigeait de même « une contribution *directe*, foncière ou personnelle. »

La contribution personnelle est aujourd'hui encore fixée par nos lois à la valeur de trois journées de travail. Elle est payée par tout individu « domicilié, jouissant de ses droits, et ayant une profession ou des ressources personnelles [1]. » — Ce sont là précisément les circonstances d'où naissent

[1] Loi de finances du 21 avril 1832.

les garanties sociales et politiques dont nous avons besoin ; qui constatent une situation assise, régulière, ce que j'appellerais volontiers une certaine surface sociale, où peut raisonnablement reposer le droit électoral.

Il y a un point sur lequel il est important de s'expliquer.

On sait que les communes sont autorisées à payer, sur les produits de l'octroi, la cote personnelle et mobilière des contribuables peu aisés. Cela se fait par exemple à Paris, pour tous ceux dont le loyer ne dépasse pas un certain chiffre. On considère que ces contribuables paient suffisamment leur cote-part en droits d'octroi qui, dans les grandes villes, sont très-lourds.

La question est de savoir s'ils conserveront leur droit de vote ? A mon sens, cela ne doit pas faire de doute. Que cherche-t-on en effet? Une garantie morale. Du moment qu'un homme est atteint par la taxe personnelle, c'est qu'il remplit les conditions de domicile, de profession, de stabilité, déterminées par la loi. Peu importe que la commune, par suite d'un arrangement particulier avec le fisc, et à raison de certaines impositions spéciales dont elle profite, se charge d'acquitter un plus ou moins grand nombre de ces cotes. L'état des choses n'en est pas changé, la garantie est toujours la même.

La loi, restée célèbre, du 31 mai 1850, avait essayé d'obtenir par d'autres moyens les garanties que nous cherchons : elle exigeait un domicile d'un an, et prenait la contribution personnelle comme preuve du domicile. C'était tendre au même but par un chemin détourné. Peut-être à cette époque n'était-il pas possible de faire autre chose ; mais la loi du 31 mai fut accusée, à tort sans doute, de manquer de franchise. Ce fut sa faiblesse. En politique, il ne faut tenter que ce qui est possible, et l'habileté consiste à distinguer ce qui est possible, à un moment donné, de ce qui ne l'est pas : mais cela fait, il vaut mieux en général le tenter franchement et bravement que d'avoir l'air de ruser avec les principes et de vouloir escamoter ce qu'on n'ose pas reprendre à découvert.

Est-il possible aujourd'hui de réaliser la réforme que je demande ? Tous les esprits éclairés, même dans le parti républicain, s'accordent à reconnaître la profondeur du mal : d'autre remède, il n'y en a pas. Celui-ci n'est pas seulement possible, il est nécessaire. On peut dire, et cette raison domine tout, que c'est là une mesure de salut public, une de ces mesures qui s'imposent, et devant lesquelles on ne peut reculer ; quelles qu'en puissent être les conséquences. J'ajoute qu'aucune dynastie, aucune monarchie ne pourrait accomplir impunément une pareille œuvre : il n'y a qu'un gouvernement impersonnel, une République qui le puisse.

Il faut s'attendre à des clameurs, à des violences ; je ne me le dissimule pas. Mais sachez bien ceci : quoi que vous fassiez, si vous ne cédez pas tout aux révolutionnaires, vous aurez la lutte. Vous l'aurez si vous essayez de reconstituer même avec l'assentiment du pays, une monarchie constitutionnelle, c'est-à-dire une République avec un président héréditaire. Vous l'aurez encore, quand même vous vous borneriez à organiser une République sérieuse et sensée, comme celle des Etats-Unis, c'est-à-dire avec deux chambres, une chambre de représentants et un sénat : jamais les radicaux n'accepteront cela. Prenez-en donc votre parti, et après avoir mûrement délibéré, sachez énergiquement vouloir.

Je finis en répétant ce que j'ai déjà dit au début de ce travail : quel que soit le gouvernement que vous vouliez fonder, quand même ce gouvernement serait la République, la réforme que je demande est d'une indiscutable nécessité. La République comme la Monarchie ne peut vivre qu'à cette condition. Le régime républicain, avec ses élections présidentielles périodiques qui remettent tous les trois ou quatre ans en question le gouvernement tout entier, exige même du corps électoral encore plus d'esprit politique, de sagesse, de respect de la constitution, que n'en exige le régime monarchique. Mais on peut affirmer *à priori* qu'il n'y a pas une forme de gouvernement au monde qui puisse tenir debout dix ans, en France, avec le suffrage universel, tel qu'il fonctionne aujourd'hui. Je ne dis pas assez : il n'y a pas une société au monde qui puisse supporter un demi-siècle ce régime sans périr.

ANGERS, IMPRIMERIE P. LACHÈSE, BELLEUVRE ET DOLBEAU.